JESSICA OLDFIELD
FOTOS VON ELISA WATSON

SUPER EINFACH

KOCHEN MIT 3 - 6 ZUTATEN

VEGAN

Librero

Inhalt

GEKOCHTES

PASTA UND NUDELN

GEMÜSE

DESSERTS

Veganismus

Veganismus ist eine Lebensweise, bei der auf alle tierischen Lebensmittel oder Lebensmittel tierischen Ursprungs verzichtet wird. Viele Menschen schreckt dieser Verzicht auf Lebensmittel wie Fleisch, Fisch, Eier und Milchprodukte ab. Bei einer veganen Ernährung geht es jedoch nicht nur darum, Huhn durch Tofu, Eier durch Chiasamen usw. zu „ersetzen". Es geht darum, unverarbeitete Lebensmittel wieder in den Mittelpunkt unserer Ernährung zu stellen und unser Repertoire an Zutaten zu erweitern. Veganer zu werden bedeutet vor allem, saisonale Lebensmittel zu essen und alle pflanzlichen Lebensmittel zu nutzen: Obst, Gemüse, Trockenfrüchte, Samen, Hülsenfrüchte, Sprossen und Getreide. Daraus können wohlschmeckende Gerichte kreiert werden, die sowohl nahrhaft als auch lecker sind.

DIE KRAFT DER PFLANZEN

Mehr fleischlose Gerichte zu essen, bringt zahlreiche Vorteile mit sich. Im Allgemeinen reduziert eine vegane Ernährung die Aufnahme von gesättigten Fetten und tierischen Hormonen zugunsten von frischem Obst und Gemüse, die dazu beitragen:
- den Blutzucker zu stabilisieren,
- das Cholesterin zu senken,
- die Gewichtsabnahme zu fördern,
- das Immunsystem zu stärken,
- die allgemeine Gesundheit und das Wohlbefinden zu verbessern.

DIE BEDEUTUNG VON PROTEINEN

Eine vegane Ernährung umfasst eine Vielzahl von essenziellen Aminosäureprofilen, den grundlegenden Bestandteilen von Proteinen. Unser Körper synthetisiert auf natürliche Weise 11 von 20 Aminosäuren. Die anderen 9, auch bekannt als „essenzielle Aminosäuren", sind in vielen Produkten enthalten, einschließlich der unten aufgeführten veganen Lebensmittel. Um gesund zu bleiben, müssen Sie sicherstellen, dass Sie jeden Tag eine Mischung der folgenden pflanzlichen Proteine konsumieren:

- ☐ Amarant
- ☐ Quinoa
- ☐ Buchweizen
- ☐ Linsen
- ☐ Körner (Hanf, Chia, Sesam, Kürbis, Sonnenblumen, Leinsamen)
- ☐ Spirulina
- ☐ Kichererbsen
- ☐ Trockenfrüchte (Mandeln, Nüsse, Pistazien, Macadamia, Cashew, Erdnüsse)
- ☐ Bohnen (einschließlich dicker Sojabohnen, die nicht gentechnisch verändert sind)
- ☐ Tofu
- ☐ Tempeh

5 PRAKTISCHE RATSCHLÄGE FÜR EINSTEIGER

Schrittweiser Wechsel

Wenn Sie es nicht schaffen, sofort alle Produkte tierischen Ursprungs aus Ihrer Ernährung zu streichen, ersetzen Sie sie nacheinander durch Produkte veganen Ursprungs, soweit es für Sie möglich ist.

Räumen Sie auf!

Entfernen Sie alle verarbeiteten oder tierischen Produkte aus Ihren Schränken und Kühlschränken. Füllen Sie sie mit Getreide, Hülsenfrüchten und Trockenobst, aber auch mit frischem Gemüse.

Nehmen Sie sich Zeit!

Zunächst kann das Kochen von Gerichten, die nur aus Gemüse bestehen, eine Herausforderung sein. Aber wenn Sie etwas mehr Zeit mit der Zubereitung Ihrer Mahlzeiten verbringen, werden Sie merken, wie viel Spaß Kochen machen kann!

Planen Sie voraus

Bleiben Sie auf Kurs, indem Sie alles bereithalten, was Sie brauchen. Sprossen und Getreide können im Voraus gekocht und während der Woche verwendet werden; so müssen Sie weniger Zeit und Energie für die Zubereitung Ihrer Mahlzeiten aufwenden.

Vermeiden Sie Fertiggerichte

Die meisten vegetarischen Fertiggerichte enthalten hauptsächlich verarbeitete, geschmacklose und zuckerreiche Zutaten. Kochen Sie – Sie werden sehen, es lohnt sich!

Der vegane Gemischtwarenladen

VEGETARISCHE MILCH

- ☐ Hafermilch
- ☐ Reismilch
- ☐ Mandelmilch
- ☐ Sojamilch
- ☐ Kokosmilch

KÖRNER

- ☐ Chia-Körner
- ☐ Leinsamen
- ☐ Kürbiskerne
- ☐ Sonnenblumenkerne

EI-ERSATZ

- ☐ Gemahlener Leinsamen
- ☐ Flohsamenschalen
- ☐ Chia-Körner

SAUCEN

- ☐ Tahin
- ☐ Ponzu
- ☐ Soja
- ☐ Tamari
- ☐ Mirin

PASTA UND NUDELN

- ☐ Vollweizennudeln
- ☐ Udon-Nudeln
- ☐ Soba-Nudeln
- ☐ Reisnudeln

REIS

- ☐ Brauner Reis
- ☐ Basmati-Reis
- ☐ Thai-Reis
- ☐ Wildreis

GETREIDE

- ☐ Quinoa
- ☐ Buchweizen
- ☐ Gerste
- ☐ Amarant
- ☐ Hirse
- ☐ Freekeh
- ☐ Farro
- ☐ Weizengrieß

HÜLSENFRÜCHTE

- ☐ Korallenlinsen
- ☐ Grüne Linsen
- ☐ Schwarze „Beluga"-Linsen
- ☐ Kichererbsen

ÖLE (PFLANZLICH, AUS KÖRNERN UND NÜSSEN):

Kaufen Sie immer kaltgepresstes natives Öl und immer die beste Qualität, die Sie sich leisten können.

- ☐ Kokosöl
- ☐ Sonnenblumenöl
- ☐ Kürbiskernöl
- ☐ Olivenöl
- ☐ Macadamiaöl
- ☐ Avocadoöl
- ☐ Mandelöl

DRESSINGS UND GEWÜRZE

- ☐ Eingelegtes Gemüse
- ☐ Obst- und Gemüsechutneys
- ☐ Sauerkraut
- ☐ Speisehefe in Flocken
- ☐ Nori-Algen

Hyper-Protein-Smoothie

In 5 Minuten vorbereitet

Ohne Kochen

Für 1 Person

Banane
x 1

Himbeeren
70 g

Geschälte Hanfkörner
1 Teelöffel

Spirulina-Pulver
1 Teelöffel

Eiswürfel
70 g

- Alle Zutaten in einen Mixer geben und pürieren, bis eine gleichmäßig sämige Konsistenz entstanden ist.

Grünkohl-Chips

Grünkohl
x 10 bis 12 Blätter

Kokosöl
30 ml

Chilipulver
1 ½ Teelöffel

Hefeflocken
1 ½ Teelöffel

In 5 Minuten vorbereitet

15 Minuten Kochzeit

Für 2 Personen

- Den Ofen auf 170 °C vorheizen. Die Kohlblätter säubern, trocknen und ohne die Stiele in Stücke schneiden.
- Auf ein mit Backpapier ausgelegtes Blech geben. Mit Chilipulver und der Hefe bestreuen, mit Öl beträufeln und mit einem Teelöffel Salz würzen.
- 15 Minuten in den Ofen geben. Die Chips alle 5 Minuten wenden, bis sie knusprig sind.
- Vor dem Servieren leicht abkühlen lassen.

Geröstete Mandeln

Ganze Mandeln
320 g

Thymian
x 1 kleiner Bund

Kokosöl
20 ml

Cayenne-Pfeffer
1 Teelöffel

Chia-Körner
1 Esslöffel

In 5 Minuten vorbereitet

30 Minuten Kochzeit

Für 6 Personen

- Den Thymian zupfen. Das Kokosöl schmelzen. Die Chiasamen in 3 Esslöffeln Wasser 4 Minuten quellen lassen.
- Den Ofen auf 180 °C vorheizen. Mandeln, Thymian, Pfeffer und einen Teelöffel Salz mischen. Das Öl und die Chiasamen dazugeben. Auf einem mit Backpapier ausgelegtem Blech verteilen.
- 20 bis 30 Minuten in den Ofen geben, bis die Mandeln goldgelb sind. Alle 10 bis 15 Minuten wenden. Leicht abkühlen lassen.

4

Energiebällchen mit Tahin und Datteln

In 5 Minuten vorbereitet

20 Minuten Kochzeit

Für 18 Stück

Ganze Mandeln
160 g

Medjool-Datteln
x 12

Kokosöl
80 ml

Tahin
40 g

Ahornsirup
20 ml

Schwarze Sesamkörner
25 g

- Die Datteln entkernen. Die Mandeln in einem Mixer fein hacken.
- Die restlichen Zutaten hinzugeben, bis auf die Sesamkörner. Salzen und vermischen, um alles gut zu vermengen. Es entsteht eine dicke Paste.
- Bällchen aus der Paste formen und in den Sesamkörnern wälzen.
- 20 Minuten in den Kühlschrank geben. 5 Minuten vor dem Servieren herausnehmen.

5

Bruschetta mit dicken Bohnen

In 5 Minuten vorbereitet

2 Minuten Kochzeit

Für 1 Person

Dicke Bohnen
350 g

Cashew-Käse
50 g (Rezept 7)

Minze
ein paar Stiele

Sauerteigbrot
x 2 Scheiben

Olivenöl
20 ml

Zitrone
x ½

- ○ Die Minzeblätter zupfen. Die dicken Bohnen enthülsen und in einem Topf mit kochendem Salzwasser 2 Minuten blanchieren. Abgießen. Wenn die Bohnen sehr groß sind, die obere Haut entfernen.
- ○ Die dicken Bohnen mit dem Öl, einem Viertel Teelöffel Salz, einem halben Teelöffel Pfeffer und dem Zitronensaft mischen und dann das Ganze mit der Gabel zerdrücken.
- ○ Die Brotscheiben rösten. Mit dem Cashew-Käse und dann mit der Paste aus den dicken Bohnen bestreichen und mit der Minze bestreuen.

Hummus mit Roten Beten

In 5 Minuten vorbereitet

Ohne Kochen

Für 4 Personen

Rote Bete
x 1

Kichererbsen in der Dose
400 g

Mandelöl
60 ml

Limette
x 1

Dill
x 1 kleiner Bund

- Die Rote Bete schälen und grob hacken. Die Kichererbsen abgießen und abspülen. Die Limette pressen und 3 Esslöffel Saft auffangen.
- Alle Zutaten in einen Mixer geben, einen Viertel Teelöffel Salz hinzugeben und pürieren, bis eine glatte Paste entstanden ist.

Cashew-Käse

In 2 Minuten vorbereitet
3 Stunden Ruhezeit

Ohne Kochen

Für 4 Personen

Cashewkerne
310 g

Kokosöl
40 ml

Zitrone
x 1

Hefeflocken
1 ½ Teelöffel

Schnittlauch
x 1 kleiner Bund

- Die Cashewkerne eine Nacht in Wasser einweichen, abspülen und abgießen. Das Kokosöl schmelzen. Die Zitrone pressen und 60 ml Saft auffangen.
- Alle Zutaten bis auf den Schnittlauch mit 60 ml Wasser und einem Teelöffel Salz pürieren, bis eine glatte Masse entstanden ist. Den Schnittlauch fein hacken und untermengen.
- Eine Kugel formen, in Backpapier wickeln und für 2 Stunden kühlstellen. Gekühlt bis zu 2 Wochen haltbar.

Schnittchen mit Avocado und Dukkah

In 2 Minuten vorbereitet

2 Minuten Kochzeit

Für 1 Person

Avocado
x 1

Dukkah
1 Teelöffel

Roggenbrot
x 2 Scheiben

Zitrone
x ½

Alfalfa-Sprossen
2 Esslöffel

- Die Avocado schälen, den Kern entfernen und das Fleisch der Länge nach in Scheiben schneiden. Die halbe Zitrone pressen.
- Die Brotscheiben 2 Minuten grillen, oder so lange, bis sie leicht gebräunt sind.
- Die Avocado-Scheiben auf die Brotscheiben legen und mit Dukkah (afrikanisch-arabische Nuss-Gewürzmischung), Salz und Pfeffer würzen. Mit ein paar Alfalfa-Sprossen dekorieren und einen Schuss Zitronensaft darübergeben.

Frische Nachos

In 10 Minuten vorbereitet

Ohne Kochen

Für 4 Personen

Maischips
250 g

Rote Bohnen aus der Dose
800 g

Koriander
x 1 Bund

Avocado
x 1 große

Grüne Chilischote
x 1 lange

Limetten
x 2

- Die Bohnen abgießen und abspülen. Den Koriander hacken (die Stiele aufbewahren). Das Avocadofleisch zerkleinern. Die Chilischote diagonal in feine Scheiben schneiden. Zesten von den Limetten reißen, diese anschließend auspressen.
- Den Boden einer Schüssel mit den Nachos (Maischips) auslegen.
- Die Bohnen, den Saft und die Zesten der Limetten, die Korianderstiele, einen Viertel Teelöffel Salz und einen Teelöffel Pfeffer pürieren, bis eine homogene Masse entstanden ist. Auf den Nachos verteilen und dann die Avocado-Scheiben, den Chili und den Koriander darübergeben.

10

Süßkartoffel-Frittata

In 5 Minuten vorbereitet

50 Minuten Kochzeit

Für 8 Stück

Süßkartoffel
90 g

Geschälter Buchweizen
160 g

Walnüsse
120 g

Karamellisierte Zwiebeln
80 g

Flohsamenkerne
1 Esslöffel

Basilikum
x 4 Blätter

- Die Süßkartoffel schälen und das überschüssige Wasser wegschütten. Den Buchweizen kochen und abkühlen lassen. Die Flohsamenkerne 5 Minuten in 180 ml Wasser quellen lassen. Den Ofen auf 190 °C vorheizen.
- Die Nüsse pürieren, bis eine glatte, sämige Masse entstanden ist.
- Alle Zutaten bis auf das Basilikum vermischen und salzen. Die Zubereitung auf 8 Mini-Muffinformen verteilen. Ein halbes Blatt Basilikum auf jede der „Frittatas" geben.
- 50 bis 60 Minuten in den Ofen geben. Abkühlen lassen und aus den Formen lösen.

Kürbiskuchen mit Dukkah

Kürbis
60 g

Laktosefreier Blätterteig
1 Rolle

Rote Zwiebel
x ¼

Olivenöl
20 ml

Koriander
x ½ Bund

Dukkah
1 Teelöffel

In 5 Minuten vorbereitet

20 Minuten Kochzeit

Für 4 Personen

- Den Kürbis schälen, die Kerne entfernen und das Fleisch mit einem Sparschäler fein raspeln. Die Zwiebel in feine Scheiben schneiden. Den Ofen auf 220 °C vorheizen.
- Den Teig auf einem mit Backpapier ausgelegtem Blech ausrollen. Einen 2 cm breiten Rand hochklappen. In der Mitte mit einer Gabel einstechen. Mit dem Öl bestreichen und dann den Kürbis darauf verteilen. Die Zwiebeln darauflegen und mit Dukkah (afrikanisch-arabische Nuss-Gewürzmischung) würzen, dazu noch salzen und pfeffern.
- 20 bis 25 Minuten in den Ofen geben, bis der Teig knusprig ist. In 4 bis 6 Teile schneiden und mit Korianderblättern bestreuen.

Linsensuppe

Grüne Linsen
170 g

Gemüsebrühe
1 l

Rote Zwiebel
x 1

Knoblauch
x 4 Zehen

Kokosöl
30 g

Limetten
x 2

In 5 Minuten vorbereitet

20 Minuten Kochzeit

Für 4 Personen

- Die Linsen abspülen. Die Zwiebel und den Knoblauch hacken. Die zwei Limetten pressen. Das Kokosöl 2 Minuten in einem Topf schmelzen. Den Knoblauch eine Minute lang anschwitzen, dann die Zwiebel hinzugeben. 5 Minuten auf dem Herd lassen, bis sie weich ist.
- Die Linsen und die Brühe hinzugeben, salzen und aufkochen.
- Die Hitze reduzieren und 20 Minuten köcheln lassen, bis die Linsen weich sind und die Suppe leicht angedickt ist. Den Saft der Limetten und anderthalb Teelöffel Pfeffer hinzugeben.

Ingwerbrühe mit Udon

In 5 Minuten vorbereitet

10 Minuten Kochzeit

Für 4 Personen

Udon-Nudeln
150 g

Gemüsebrühe
1,5 l

TK-Erbsen
225 g

Weiße Miso-Paste
60 g

Ingwer
30 g

- Den Ingwer schälen und in Julienne-Streifen schneiden. Mit einem Viertel Teelöffel Salz, einem Teelöffel Pfeffer und der Brühe in einen Topf geben, erhitzen und 5 Minuten ziehen lassen, bis sich die Aromen vermischt haben.
- Die Nudeln hinzugeben, die Hitze reduzieren und 3 bis 4 Minuten köcheln lassen, bis sie gar sind.
- Die Miso-Paste und die Erbsen hinzugeben.

Toskanische Suppe

In 5 Minuten vorbereitet

35 Minuten Kochzeit

Für 4 Personen

Glatte Petersilie
x 1 kleiner Bund

Weiße Bohnen in der Dose
600 g

Pürierte Tomaten
400 g

Zwiebel
x 1

Knoblauch
x 2 Zehen

Olivenöl
30 ml

- Die Petersilie hacken. Die Bohnen abgießen und abspülen. Die Zwiebel in feine Scheiben schneiden. Die Knoblauchzehen schälen. In einem Mörser den Knoblauch und die Petersilienstiele zusammen mit einem Teelöffel Salz zu einer Paste verarbeiten.
- 20 ml Olivenöl in einem Bräter erhitzen. Die Zwiebel anschwitzen. Die Knoblauchpaste hinzugeben und eine Minute verrühren.
- Die Bohnen, die Tomaten und 1 l Wasser hinzugeben, pfeffern und salzen. Aufkochen und dann 30 Minuten halb zugedeckt köcheln lassen. Mit Petersilienblättern garnieren und einen Schuss Olivenöl hinzugeben.

Thai-Suppe mit grünem Curry

In 15 Minuten vorbereitet

25 Minuten Kochzeit

Für 4 Personen

Aubergine
1 große

Kirschtomaten
250 g

Reis-Tagliatelle
200 g

Kokosmilch
400 ml

Grüne Currypaste
110 g

Limetten
x 3

- Die Aubergine in Würfel schneiden. Die Reisnudeln 10 Minuten in kaltem Wasser einweichen. Zesten von den Limetten reißen, die Limetten anschließend pressen.
- 2 Esslöffel Kokosmilch eine Minute lang erhitzen. Die Currypaste hinzugeben und 2 Minuten verrühren. Die Aubergine, die restliche Kokosmilch, 2 Teelöffel Salz und 600 ml Wasser hinzugeben. Aufkochen. Die Tomaten hinzugeben und 20 Minuten bei geschlossenem Deckel köcheln lassen. Den Saft der Limetten hinzugeben.
- Die Nudeln auf 4 Schalen verteilen, die Suppe darübergießen und mit den Zesten dekorieren.

Salat mit Gerste und Obst

In 10 Minuten vorbereitet

25 Minuten Kochzeit

Für 4 Personen

Geperlte Gerste (Graupen)
160 g

Pink Grapefruit
x 1 große

Pfirsiche
x 3

Limette
x 1

Mandelöl
40 ml

Minze
x 1 kleiner Bund

- Die Gerste abspülen. Die Grapefruit schälen und filetieren. Die Pfirsiche in Scheiben schneiden. Die Limette pressen, um einen Esslöffel Saft zu erhalten. Die Minze fein hacken.
- Die Gerste, eine Prise Salz und 750 ml Wasser in einen Topf geben. Aufkochen, dann die Hitze reduzieren und 25 bis 30 Minuten garen lassen, bis die Gerste weich ist. Abgießen und in einer Schüssel abkühlen lassen.
- Die restlichen Zutaten hinzugeben, würzen und gut vermischen.

Salat mit Quinoa und Rosenkohl

In 10 Minuten vorbereitet

15 Minuten Kochzeit

Für 4 Personen

Dreifarbige Quinoa
300 g

Rosenkohl
250 g

Macadamianüsse
110 g

Zitrone
x 1 große

Kokosöl
20 ml

Ahornsirup
20 ml

- Den Rosenkohl in dünne Scheiben schneiden. Die Nüsse grob hacken. Die Quinoa abspülen und mit 375 ml Wasser und einer Prise Salz in einen Topf geben und aufkochen lassen. Die Hitze reduzieren und 15 Minuten garen lassen. Abgießen.
- Den Zitronensaft, das geschmolzene Kokosöl und den Ahornsirup zu einer Emulsion verarbeiten. Die Quinoa mit dieser Sauce übergießen.
- Den Rosenkohl und die Macadamianüsse hinzugeben, würzen und gut vermischen.

Reis-Pilaf süßsauer

In 5 Minuten vorbereitet

45 Minuten Kochzeit

Für 4 Personen

Wildreis
200 g

Gemüsebrühe
750 ml

Rote Zwiebel
x 1

Olivenöl
40 ml

Äpfel Pink Lady
x 1½

Pistazien
60 g

- Das Öl bei mittlerer Hitze in einem Topf erwärmen. Die Zwiebel hinzugeben und etwa 3 Minuten garen lassen, bis sie weich ist. Den Reis hinzugeben und eine Minute lang weiterkochen, bevor die Brühe hinzugegeben wird. Aufkochen.
- Die Hitze reduzieren und bei geschlossenem Deckel 45 Minuten köcheln lassen, oder so lange, bis der Reis weich ist. Abgießen und in einer Schüssel abkühlen lassen.
- Die Äpfel und die Pistazien hinzugeben und würzen.

Japanteller

In 5 Minuten vorbereitet

10 Minuten Kochzeit

Für 4 Personen

Brauner Reis, mittlere Korngröße
220 g

Avocados
x 2

Marinierte Radieschen
200 g

Gurken
x 2 kleine

Sojasauce
10 ml

Nori-Algen
3 Teelöffel

- Den Reis abspülen. Die Avocados schälen, den Kern entfernen und in dicke Scheiben schneiden. Die Gurken in Streifen schneiden. Die Algen zerpflücken.
- 1 l Salzwasser in einem Topf aufkochen. Den Reis hinzugeben, die Hitze reduzieren und 10 bis 15 Minuten köcheln lassen, bis er weich ist. Abgießen.
- Den Reis jeweils in die Mitte der Teller geben, dann die Avocado, die Gurke und die Radieschen um den Reis herumlegen. Einen Schuss Sojasauce über den Reis gießen und mit Nori-Algen bestreuen.

Couscous mit Blumenkohl

In 10 Minuten vorbereitet

Ohne Kochen

Für 4 Personen

Blumenkohl
x 1 großer

Koriander
x 1 Bund

Ganze Mandeln
160 g

Kreuzkümmelkörner
10 g

Getrocknete Cranberrys
30 g

Olivenöl
40 ml

- Den Strunk und die Blätter des Blumenkohls entfernen und diesen grob raspeln. Die Korianderblätter zupfen und die Stiele fein hacken.
- Die Kreuzkümmelkörner in einer Pfanne bei mittlerer Hitze anrösten, bis sie braun werden und anfangen aufzuplatzen. Mit den Mandeln ebenso verfahren. Abkühlen lassen und zerhacken.
- Alle Zutaten in eine große Schüssel geben, würzen und mit der Hand gut vermischen.

Linsensalat mit Walnüssen

In 5 Minuten vorbereitet

25 Minuten Kochzeit

Für 4 Personen

Schwarze Linsen
400 g

Karotten
x 2

Ahornsirup
40 ml

Rucola
20 g

Walnüsse
100 g

Mandelöl
40 ml

- Die Karotten raspeln. Die Nüsse hacken. Die Linsen abspülen, in einen Topf geben und mit Wasser bedecken. Eine Prise Salz hinzugeben, aufkochen und dann 20 Minuten köcheln lassen. Abgießen.
- Den Grill vorheizen. Die Karotten mit einer Prise Salz und dem Ahornsirup vermischen. Auf ein mit Backpapier ausgelegtes Blech verteilen. 10 Minuten unter den Grill geben.
- Die Linsen und die Karotten mit den restlichen Zutaten vermengen und würzen.

Farro-Salat mit Tomaten

In 5 Minuten vorbereitet

30 Minuten Kochzeit

Für 4 Personen

Farro
400 g

Verschiedene Tomaten
500 g

Fenchel
x 1 kleine Knolle

Cashew-Käse
250 g (Rezept 7)

Olivenöl
40 ml

- Die Tomaten in Stücke schneiden. Die harten Teile des Fenchels entfernen und die Knolle und die Stiele fein schneiden.
- Den Farro spülen und in einem Topf mit 1,25 l Wasser und einer Prise Salz aufkochen. Zudecken, die Hitze reduzieren und 25 bis 30 Minuten köcheln lassen, bis er das Wasser vollständig aufgenommen hat. 5 Minuten abkühlen lassen.
- Gut mit den anderen Zutaten vermischen und den Cashew-Käse darüber zerkrümeln. Würzen.

Salat mit Rote-Bete-Chips

Rote Beten
x 4 große

Gekochte Kichererbsen
460 g

Gurke
x 1

Sumac
2 Teelöffel

Olivenöl
40 ml

In 10 Minuten vorbereitet

20 Minuten Kochzeit

Für 4 Personen

- ○ Die Roten Beten schälen und mit dem Gemüseschneider in Scheiben von 1,5 mm Dicke schneiden. Die Gurke in Würfel schneiden. Den Ofen auf 180 °C vorheizen.
- ○ Die Roten Beten mit einem Esslöffel Öl und einem Teelöffel Salz mischen. Auf zwei mit Backpapier ausgelegte Bleche legen. 20 Minuten in den Ofen geben, bis sie knusprig sind. Auf einem Gitterrost abkühlen lassen.
- ○ Die anderen Zutaten und einen Teelöffel Salz in einer Schüssel vermischen. Beim Servieren die Rote-Bete-Chips hinzufügen.

Regenbogenteller

In 10 Minuten vorbereitet

15 Minuten Kochzeit

Für 4 Personen

Dreifarbige Quinoa
300 g

Rotkohl
x ¼

Avocado
x 1 große

Radieschen
x 2 kleine

Karotte
x 1 große

Olivenöl

- Den Kohl in feine Scheiben schneiden. Das Fleisch der Avocado in Scheiben schneiden. Die Radieschen in feine Scheiben schneiden. Die Karotte in Streifen schneiden. Die Quinoa abspülen und in 1 l Wasser mit einer Prise Salz in einem Topf aufkochen. Die Hitze reduzieren und die Quinoa 15 Minuten köcheln lassen, bis sie weich ist. Abkühlen lassen.
- Die Quinoa jeweils in die Mitte der Teller geben, dann den Kohl, die Avocado, die Radieschen und die Karotte separat darum herum anordnen. Großzügig mit Olivenöl übergießen und würzen.

Salat mit Mungobohnen und Apfel

In 10 Minuten vorbereitet

40 Minuten Kochzeit

Für 4 Personen

Trockene Mungobohnen
350 g

Cashewkerne
160 g

Apfel Pink Lady
x 1

Minze
x 1 großer Bund

Olivenöl
40 ml

- Die Cashewkerne und die Minze hacken. Den Apfel in Stifte schneiden. Die Mungobohnen abspülen, mit einer Prise Salz in einen Topf geben und mit 2 l Wasser auffüllen. Aufkochen, dann die Hitze reduzieren und 40 bis 45 Minuten köcheln lassen, bis die Bohnen weich sind. Abgießen und abkühlen lassen.
- Die Cashewkerne in einer Pfanne bei mittlerer Hitze goldgelb rösten.
- Alle Zutaten in eine Schüssel geben und gut vermischen.

Hirse-Birnen-Bowl

In 5 Minuten vorbereitet

20 Minuten Kochzeit

Für 4 Personen

Hirse
200 g

Birnen
x 3

Glatte Petersilie
x 1 kleiner Bund

Olivenöl
40 ml

- ○ Das Kernhaus der Birnen entfernen und diese grob zerschneiden. Die Hirse abspülen, in einen Topf geben und bei starker Hitze 3 Minuten unter stetigem Rühren rösten.
- ○ 500 ml Wasser und eine Prise Salz hinzugeben und aufkochen. Zudecken, die Hitze reduzieren und 20 Minuten köcheln lassen. Das überschüssige Wasser abgießen und die Hülsen mit einer Gabel herausfischen.
- ○ Die Hirse und alle anderen Zutaten in eine Schüssel geben, würzen und gut vermischen.

27

Indisches Kitchari

In 20 Minuten vorbereitet

25 Minuten Kochzeit

Für 4 Personen

Gelbes Mung Dal
170 g

Basmatireis
100 g

Kokosöl
40 g

Koriander
x 1 kleiner Bund

Panch Phoron
1 ½ Teelöffel

- Das Mung Dal und den Reis 20 Minuten in kochendem Wasser garen. Abgießen.
- Das Kokosöl 2 Minuten in einem Topf schmelzen. Die Gewürze hinzugeben und eine Minute ziehen lassen. Wenn sie aufplatzen, das Mung Dal, den Reis, 1 l Wasser und anderthalb Teelöffel Salz hinzugeben.
- Aufkochen und halb zudecken. Die Hitze reduzieren und 25 bis 30 Minuten köcheln lassen. Mit Koriander bestreuen.

Freekeh mit Gemüse

In 10 Minuten vorbereitet

20 Minuten Kochzeit

Für 4 Personen

Wurzelgemüse
900 g

Lauch
x 1 große Stange

Olivenöl
80 ml

Freekeh
230 g

- ○ Das Weiße des Lauchs in Ringe schneiden und gut abspülen. Das Wurzelgemüse in dicke Streifen schneiden. Den Freekeh abspülen.
- ○ Den Ofen auf 200 °C vorheizen. Das Gemüse mit 2 Esslöffeln Öl und einem Teelöffel Salz mischen. Auf zwei mit Backpapier ausgelegte Backbleche verteilen und 30 Minuten in den Ofen geben.
- ○ 875 ml Wasser aufkochen, den Freekeh, das restliche Öl und einen Teelöffel Salz in einen Topf geben. Die Hitze reduzieren und 20 Minuten köcheln lassen. Den Freekeh und das geröstete Gemüse vermischen.

Buchweizen-Pfirsich-Teller

Geschälter Buchweizen
200 g

Rote Beten
x 4 kleine

Pfirsiche
x 4

Thymian
x 10 Stiele

Olivenöl
40 ml

In 10 Minuten vorbereitet

30 Minuten Kochzeit

Für 4 Personen

- Den Buchweizen abspülen. Die Roten Beten schälen und zusammen mit ihren Blättern fein schneiden. Die Pfirsiche in Scheiben schneiden. Den Thymian hacken. Den Ofen auf 180 °C vorheizen.

- Die Pfirsiche, den Thymian und ein Esslöffel Wasser auf ein Blech geben, mit Alufolie abdecken und 10 Minuten in den Ofen geben.

- 500 ml Wasser, eine Prise Salz und den Buchweizen in einem Topf aufkochen. Die Hitze reduzieren und 20 Minuten köcheln lassen. Abgießen und 5 Minuten ruhen lassen. Den Buchweizen, die Pfirsiche, die restlichen Zutaten und einen Teelöffel Salz gut vermischen.

Orientalischer Teller

In 5 Minuten vorbereitet

10 Minuten Kochzeit

Für 4 Personen

Gurken
x 4

Kichererbsen in der Dose
400 g

Gemahlener
Kreuzkümmel
4 Teelöffel

Olivenöl
20 ml

Granatapfelkerne
90 g

- Die Gurke mit einem Sparschäler oder einem Gemüsehobel der Länge nach in Streifen schneiden. Die Kichererbsen abgießen und abspülen. Den Grill vorheizen.
- Die Kichererbsen, einen halben Teelöffel Salz, den Kreuzkümmel und 2 Teelöffel Öl auf einem Blech 10 Minuten unter den Grill geben, bis sie goldgelb geworden sind.
- Mit den restlichen Zutaten vermischen, das restliche Öl darübergießen, würzen und sofort servieren.

Tofu-Orangen-Bowl

In 5 Minuten vorbereitet

6 Minuten Kochzeit

Für 4 Personen

Fester Tofu
800 g

Kokosöl
20 ml

Minze
x 1 Bund

Zitronen
x 2

Kreuzkümmel
1 Teelöffel

Orange
x 1

- Den Tofu würfeln. Das Kokosöl schmelzen lassen. Die Minzblätter fein hacken. Von der Orange und den 2 Zitronen Zesten reißen und klein schneiden. Den Saft einer Zitrone auspressen.
- Das Kokosöl 2 Minuten in einem Topf schmelzen. Die Kreuzkümmelkörner hinzugeben. Wenn sie anfangen zu schäumen, einen Teelöffel Salz und den Tofu hinzugeben und mit Öl überziehen. 6 Minuten braten lassen.
- Mit der Minze, den Zitruszesten und dem Zitronensaft servieren.

Quinoa-Kimchi-Bowl

In 5 Minuten vorbereitet

15 Minuten Kochzeit

Für 4 Personen

Dreifarbige Quinoa
300 g

Kimchi
200 g

Zuckererbsen
300 g

Ganze Mandeln
120 g

Olivenöl
2 Teelöffel

- Die Enden und die Fäden der Zuckererbsen entfernen. Die Mandeln leicht anrösten und hacken. Die Quinoa, 1 l Wasser und eine Prise Salz in einen Topf geben. Aufkochen, dann die Hitze reduzieren und 15 Minuten köcheln lassen. Vom Herd nehmen. Die Zuckererbsen hinzugeben, zudecken und 2 Minuten ziehen lassen.
- Die Quinoa auf tiefe Teller verteilen, dann die Zuckererbsen, die Mandeln und das Kimchi darum herum anordnen. Die Quinoa mit einem Schuss Olivenöl begießen und würzen.

Linsen-Pesto-Bowl

In 5 Minuten vorbereitet

25 Minuten Kochzeit

Für 4 Personen

Grüne Linsen
300 g

Grüne Oliven
250 g

Walnüsse
100 g

Basilikum
x 1 großer Bund

Olivenöl
125 ml

- Die Oliven entkernen. Die Linsen abspülen und mit 1 l Wasser in einen Topf geben. Eine Prise Salz hinzugeben und aufkochen. Die Hitze reduzieren und 25 Minuten garen lassen, oder so lange, bis sie weich sind. Abgießen und abkühlen lassen.
- Die Oliven, das Basilikum und die Nüsse in einem Mixer pürieren, bis eine grobe Paste entstanden ist. Das Olivenöl dazugeben und kurz pürieren, um alles zu vermischen.
- Das Pesto über die Linsen geben und würzen.

Couscous mit Grünkohl

Weizengrieß
400 g

Grünkohl
x 5 Blätter

Cashewkerne
75 g

Getrocknete Datteln
45 g

Ungesalzene Pistazien
25 g

Olivenöl
2 Teelöffel

In 5 Minuten vorbereitet

5 Minuten Kochzeit

Für 4 Personen

- Die Stiele vom Grünkohl entfernen und den Grünkohl fein schneiden. Die Cashewkerne hacken und die Datteln in feine Scheiben schneiden.
- Den Grieß, die Datteln und 2 Teelöffel Salz in einer großen Schüssel vermischen. 400 ml kochendes Wasser darübergießen. Mit Klarsichtfolie abdecken und 5 Minuten quellen lassen.
- Den Grieß mit einer Gabel enthülsen, dann das Öl, den Kohl, die Cashewkerne und die Pistazien unterarbeiten.

Brauner Reis mit Lauch und Zitrone

In 5 Minuten vorbereitet

30 Minuten Kochzeit

Für 4 Personen

Lauch
x 2 Stangen

Brauner Reis, mittlere Korngröße
420 g

Thymian
x 1 kleiner Bund

Olivenöl
20 ml

Zitrone
x 1

- Das Weiße des Lauchs fein schneiden und abspülen. Die Thymianblätter hacken. Den Thymian, den Lauch und das Salz in heißem Öl 10 Minuten anschwitzen, bis alles weich ist.
- Stark erhitzen und den Reis hinzugeben. Eine Minute vermischen. 1 l Wasser hinzugeben, aufkochen, dann die Hitze reduzieren und 20 Minuten köcheln lassen, bis der Reis gar ist.
- Die Zitrone pressen und den Saft über den Reis geben, salzen, pfeffern und mit dem Thymian bestreuen.

FRANCE

Linsen-Kohl-Ragout

In 10 Minuten vorbereitet

15 Minuten Kochzeit

Für 4 Personen

Grüne Linsen
510 g

Kokosmilch
2 x 400 ml

Grünkohl
x 1 kleiner

Ingwer
40 g

Zitronen
x 4

- Die Linsen abspülen. Die Stiele vom Kohl entfernen und die Blätter hacken. Den Ingwer schälen und fein hacken. Zesten von den 4 Zitronen reißen, dann den Saft auspressen.
- Die Linsen, den Ingwer, die Kokosmilch, 2 Teelöffel Salz und 200 ml Wasser aufkochen, dann 15 Minuten köcheln lassen, oder so lange, bis die Linsen weich sind und alles angedickt ist.
- Beim Servieren den Kohl, den Zitronensaft und die Zitronenzesten hinzugeben.

Kürbiscurry

In 15 Minuten vorbereitet

15 Minuten Kochzeit

Für 4 Personen

Kürbis
850 g

Kichererbsen in der Dose
400 g

Kokosöl
100 ml

Granatapfelkerne
90 g

Minze
x 1 kleiner Bund

Ras el-Hanout
2 Esslöffel

- Das Kürbisfleisch in Würfel schneiden. Die Kichererbsen abgießen und abspülen. Das Kokosöl schmelzen lassen. Die Minze hacken. Das Ras el-Hanout eine Minute lang in einer Pfanne erhitzen. Den Kürbis mit 2 Esslöffeln Öl hinzugeben und vermischen. 10 Minuten marinieren lassen.
- Das restliche Kokosöl in einem Topf erhitzen. Den marinierten Kürbis mit 2 Teelöffeln Salz 1 bis 2 Minuten lang hinzugeben. Mit 250 g Wasser bedecken und 8 bis 10 Minuten köcheln lassen.
- Die Zubereitung vermischen. Kichererbsen, Minze und Granatapfelkerne hinzugeben.

Süßkartoffelcurry

In 10 Minuten vorbereitet

15 Minuten Kochzeit

Für 4 Personen

Süßkartoffeln
x 4

Rispentomaten
x 4

Kreuzkümmelkörner
2 Teelöffel

Senfkörner
1 Teelöffel

Kokosöl
100 ml

Chilipulver
2 ½ Teelöffel

- Die Süßkartoffeln schälen und in Würfel von 1 cm schneiden. Die Tomaten in Würfel schneiden. Das Kokosöl bei mittlerer Hitze in einem Topf schmelzen lassen. Die Kreuzkümmelkörner eine Minute lang darin anrösten, dann die Senfkörner hinzugeben. Wenn sie platzen, die Hitze reduzieren, die Süßkartoffelwürfel und den Chili hinzugeben und eine Minute lang gut umrühren.

- Zudecken und für 6 bis 8 Minuten auf dem Herd lassen. Die Tomaten, 220 ml kochendes Wasser und 2 Teelöffel Salz hinzugeben und bei mittlerer Hitze bei geschlossenem Deckel 6 bis 7 Minuten köcheln lassen.

Blumenkohlcurry

In 5 Minuten vorbereitet

15 Minuten Kochzeit

Für 4 Personen

Blumenkohl
x 1 großer

Kokoscreme
400 ml

Massaman-Currypaste
100 g

Cashewkerne
75 g

Koriander
x 1 kleiner Bund

- Die Blätter vom Blumenkohl entfernen und diesen in kleine Röschen schneiden. Die Cashewkerne hacken. Die Korianderblätter hacken.
- 2 Esslöffel Kokoscreme eine Minute lang erhitzen. Die Currypaste hinzugeben und 4 Minuten lang umrühren. Den Blumenkohl, die restliche Kokoscreme, einen halben Teelöffel Salz und 200 ml Wasser hinzugeben. Aufkochen, die Hitze reduzieren und bei geschlossenem Deckel 15 Minuten köcheln lassen.
- Alles pürieren, dabei aber Stücke lassen. Mit Cashewkernen und Koriander garnieren.

Tempeh Rendang

In 15 Minuten vorbereitet
10 Minuten Ruhezeit

20 Minuten Kochzeit

Für 4 Personen

Tempeh
600 g

Rendang-Currypaste
185 g

Kokoscreme
250 ml

Tamarindenpaste
2 Teelöffel

Kokosblättchen
25 g

Koriander
x 5 Stiele

- Den Tempeh auf Küchenpapier gießen und in Würfel von 3 cm schneiden. Mit 4 Esslöffeln Currypaste vermischen und 10 Minuten kühlstellen.
- Den marinierten Tempeh, die Kokoscreme, einen halben Teelöffel Salz und die restliche Currypaste in einen Topf geben. Aufkochen, dann die Hitze reduzieren und 20 Minuten köcheln lassen.
- Die Tamarindenpaste hinzugeben, dann mit den Korianderblättern und den Kokosblättchen garnieren.

41

Spaghetti mit Fenchel und Anis

Spaghetti ohne Ei
400 g

Fenchel
x 2 mittlere Knollen

Cashew-Käse
250 g (Rezept 7)

Anis
x 1 großer Bund

Olivenöl
80 ml

Zitrone
x 1 große

In 10 Minuten vorbereitet

15 Minuten Kochzeit

Für 4 Personen

- Die harten Teile vom Fenchel entfernen und die Knolle und die Stiele in feine Scheiben schneiden. Den Anis fein hacken. Die Zitrone pressen. Die Nudeln in einem Topf mit Salzwasser 8 bis 10 Minuten garen. Abgießen.
- Für die Sauce aus dem Öl, dem Zitronensaft, einem Teelöffel Salz und einem Teelöffel Pfeffer eine Emulsion herstellen.
- Die heißen Nudeln, den Fenchel und den Anis vermischen, dann die Sauce darübergießen und vermischen, damit sie alles gut umhüllt. Cashew-Käse darüberkrümeln.

Pad Thai vegan

In 5 Minuten vorbereitet

10 Minuten Kochzeit

Für 4 Personen

Reis-Tagliatelle
400 g

Tamarindenpaste
55 g

Limetten
x 2

Brauner Reissirup
40 g

Geröstete Erdnüsse
120 g

Koriander
x 1 kleiner Bund

- Zesten von den Limetten reißen und den Saft auspressen. Die Erdnüsse hacken.
- In einem Topf Salzwasser aufkochen. Die Tagliatelle 6 bis 8 Minuten garen, bis sie weich sind. Abgießen und 2 Esslöffel von dem Kochwasser aufbewahren.
- Das zurückbehaltene Kochwasser, einen Teelöffel Salz und alle anderen Zutaten bis auf die Erdnüsse und den Koriander vermischen und auf die Nudeln gießen.
- Mit Erdnüssen und Korianderblättern garnieren.

Kürbis-Soba & Satay

In 5 Minuten vorbereitet

20 Minuten Kochzeit

Für 4 Personen

Kürbis
500 g

Soba-Nudeln
300 g

Lauchzwiebeln
x 4

Erdnussbutter
4 Esslöffel

Limetten
x 2

Öl aus nicht
geröstetem Sesam
1 Teelöffel

- Das Kürbisfleisch raspeln. Die Zwiebeln in feine Scheiben schneiden. Die Limetten pressen. Die Nudeln 3 Minuten in einem Topf mit Salzwasser garen. Den Kürbis hinzugeben und eine weitere Minute garen.
- Abgießen und in eine Schüssel geben, dabei 60 ml von dem Kochwasser aufbewahren.
- Die Erdnussbutter, das Sesamöl, den Saft der Limetten, die Lauchzwiebeln, einen halben Teelöffel Salz und das zurückbehaltene Kochwasser mischen. Diese Sauce auf die Nudeln und den Kürbis gießen und gut durchmischen.

Spaghetti mit Zitronenpesto

Spaghetti ohne Ei
400 g

Basilikum
x 3 Bund

Knoblauch
x 1 Zehe

Pinienkerne
60 g

Olivenöl
100 ml

Zitrone
x 1

In 5 Minuten vorbereitet

10 Minuten Kochzeit

Für 4 Personen

- Die Knoblauchzehe schälen. Zesten von der Zitrone reißen, diese dann pressen und die Zesten fein hacken. Die Pinienkerne in einer Pfanne 2 Minuten anrösten.
- Einen Viertel Teelöffel Salz, den Knoblauch und das Basilikum in einem Mörser zerstoßen, bis eine Paste entstanden ist. Die Pinienkerne hinzugeben und zerstoßen. Die Zesten und den Zitronensaft sowie das Öl unterarbeiten.
- Die Nudeln in einem Topf mit kochendem Salzwasser 10 bis 12 Minuten kochen. Das Pesto und die heißen Nudeln mischen und dann pfeffern.

Makkaroni mit Bohnen

In 5 Minuten vorbereitet

10 Minuten Kochzeit

Für 4 Personen

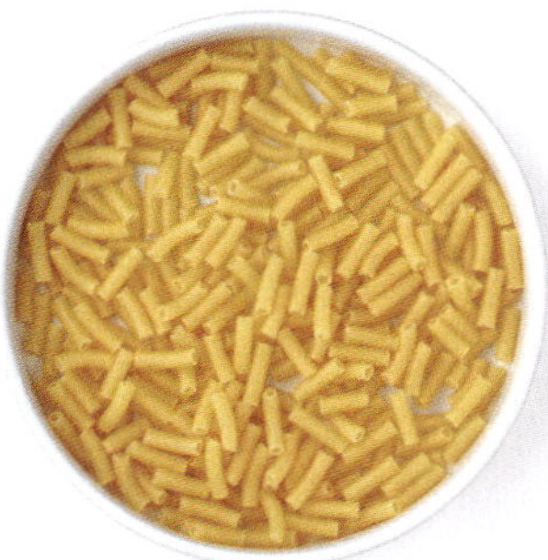

Makkaroni ohne Ei
400 g

Weiße Bohnen in der Dose
800 g

Knoblauch
x 4 kleine Zehen

Geräucherter Paprika
1 Teelöffel

Olivenöl
60 ml

Spinatblätter
300 g

- Die Bohnen abgießen und abspülen. Den Knoblauch in feine Scheiben schneiden. Die Nudeln 10 Minuten in einem Topf mit Salzwasser garen. Abgießen und 60 ml von dem Kochwasser aufbewahren. Warm halten.
- Den Knoblauch in einem Bräter eine Minute lang in dem heißen Öl anschwitzen, bis er goldbraun ist. Mit einem Schaumlöffel herausnehmen.
- Den Paprika und die Bohnen hinzugeben und 2 Minuten erhitzen. Die heißen Nudeln, die Spinatblätter und das zurückbehaltene Kochwasser hinzugeben. Gut vermischen und würzen. Mit dem frittierten Knoblauch garnieren.

Fettuccine mit Tomaten

Fettuccine ohne Ei
400 g

Verschiedene Tomaten
750 g

Dill
x 1 kleiner Bund

Koriander
x 1 Bund

Knoblauch
x 6 Zehen

Olivenöl
60 ml

In 10 Minuten vorbereitet

15 Minuten Kochzeit

Für 4 Personen

- Den Dill und den Koriander zupfen und die Stiele des Korianders grob hacken. Die Knoblauchzehen schälen. Das Öl, einen Teelöffel Salz, den Knoblauch und die Kräuter in einem Mixer pürieren, bis eine dicke Paste entstanden ist.
- Auf ein Blech geben, die Tomaten hinzugeben und gut vermischen. 8 bis 10 Minuten unter den Grill geben: Die Tomaten müssen dabei aufplatzen.
- Die Nudeln in einem Topf mit Salzwasser 10 bis 12 Minuten garen. Die Tomatensauce über die heißen Nudeln geben.

Gemüsenudeln mit Sesam

In 5 Minuten vorbereitet

15 Minuten Kochzeit

Für 4 Personen

Reis-Tagliatelle
300 g

Brokkoli
x 1 großer

Spinatblätter
200 g

Olivenöl
2 Esslöffel

Sesamkörner
30 g

Frittierte Schalotten
2 Esslöffel

- Den Brokkoli in Röschen zerteilen, die Stiele fein schneiden. Die Spinatblätter hacken. Die Nudeln 4 bis 5 Minuten in kochendem Salzwasser garen. Abgießen und 60 ml von dem Kochwasser aufbewahren.
- Die Sesamkörner für eine Minute in dem heißen Öl rösten. Den Brokkoli hinzugeben und 6 bis 8 Minuten garen, bis er knusprig ist.
- Vom Herd nehmen, die Spinatblätter, die Nudeln, das zurückbehaltene Kochwasser und einen Teelöffel Salz hinzugeben. Mit frittierten Schalotten garnieren.

Spaghetti mit Artischocken und dicken Bohnen

In 5 Minuten vorbereitet

10 Minuten Kochzeit

Für 4 Personen

Spaghetti ohne Ei
400 g

Eingelegte Artischockenherzen
320 g

Dicke Bohnen
450 g

Oregano
x 1 mittlerer Bund

Zitronen
x 4

Olivenöl
80 ml

- Die Artischockenherzen abgießen, abspülen und halbieren. Die dicken Bohnen enthülsen, die Haut entfernen und 2 Minuten blanchieren. Die Nudeln in einem Topf Salzwasser 10 bis 12 Minuten garen. Abgießen.
- Den gezupften Oregano und eine Prise Salz in einem Mörser zu einer Paste verarbeiten. Olivenöl und den Zitronensaft hinzugeben.
- Die heißen Nudeln und die dicken Bohnen in eine Schale geben, die Sauce darübergeben und würzen.

Spaghetti Veggie-Bolognese

Champignons
750 g

Vollkorn-Spaghetti
400 g

Knoblauch
x 8 Zehen

Tomatenmark
100 g

Glatte Petersilie
x 1 kleiner Bund

Olivenöl
50 ml

In 5 Minuten vorbereitet

10 Minuten Kochzeit

Für 4 Personen

- Die Champignons und die Knoblauchzehen in feine Scheiben schneiden, die Petersilie fein hacken. Die Nudeln in Salzwasser 10 bis 12 Minuten kochen. Abgießen und 125 ml von dem Kochwasser aufbewahren.
- Den Knoblauch für eine Minute in dem Öl anrösten. Einen Teelöffel Salz und die Champignons hinzugeben und 7 bis 8 Minuten braten. Das Tomatenmark, das zurückbehaltene Kochwasser und die Spaghetti hinzugeben. Gut vermischen. Pfeffern und mit der Petersilie bestreuen.

Pasta mit Brokkoli und Nüssen

In 5 Minuten vorbereitet

10 Minuten Kochzeit

Für 4 Personen

Dinkel-Fusilli
300 g

Brokkoli
x 1 großer

Olivenöl
4 Esslöffel

Paranüsse
90 g

Spinatblätter
45 g

Zitrone
x 1

- Den Brokkoli in Röschen schneiden. Die Nüsse hacken. Die Zitrone pressen. Den Ofen auf 250 °C vorheizen. Den Brokkoli, 2 Esslöffel Olivenöl und einen Teelöffel Salz mischen. Gut umrühren und gleichmäßig auf einem Blech verteilen. 15 Minuten in den Ofen geben.
- Die Nudeln in einem Topf Salzwasser 12 bis 15 Minuten garen. Abgießen.
- Die Nudeln, den Brokkoli und die anderen Zutaten vermischen. Das restliche Öl und den Zitronensaft darübergießen, salzen und pfeffern.

Penne à la Provence

In 10 Minuten vorbereitet

10 Minuten Kochzeit

Für 4 Personen

Penne ohne Ei
400 g

Getrocknete Tomaten in Öl
55 g

Basilikum
x 1 Bund

Olivenöl
40 ml

Knoblauch
x 1 kleine Zehe

Fenchelkörner
2 Teelöffel

- ○ Die Tomaten 5 Minuten in heißem Wasser einweichen, abgießen und grob zerkleinern. Die Basilikumblätter zerpflücken (ein paar davon aufbewahren). Den Knoblauch fein schneiden. Alle Zutaten bis auf die Nudeln in eine Schüssel geben und vermischen.
- ○ Die Nudeln in einem Topf Salzwasser 10 bis 12 Minuten kochen. Abgießen.
- ○ Die Nudeln in die Schüssel geben und mischen. Würzen und mit Basilikum bestreuen.

Pommes frites aus Süßkartoffeln

In 5 Minuten vorbereitet

45 Minuten Kochzeit

Für 2 Personen

Süßkartoffeln
x 4 große

Olivenöl
60 ml

Rosmarin
10 g

Limetten
x 3

Himalaya-Salz
60 g

- Die Süßkartoffeln in Spalten schneiden. Die Zesten von den Limetten reißen. Den Ofen auf 220 °C vorheizen. In einem Mörser das Salz, den Rosmarin und die Zesten zerstoßen.
- Die Kartoffeln auf zwei mit Backpapier ausgelegte Bleche geben. Mit Olivenöl beträufeln und das aromatisierte Salz darüberstreuen. Mit der Hand vermischen.
- 45 Minuten in den Ofen geben, bis die Kartoffeln außen knusprig und innen weich sind.

Würzige Bratkartoffeln

Kartoffeln
1 kg

Kokosöl
30 ml

Kreuzkümmelkörner
1 Teelöffel

Fenchelkörner
1 Teelöffel

Senfkörner
1 Teelöffel

Gemahlener Kurkuma
½ Teelöffel

In 5 Minuten vorbereitet

20 Minuten Kochzeit

Für 4 Personen

- Die Kartoffeln in Würfel von 1 cm schneiden. Die Hälfte des Kokosöls in einer beschichteten Pfanne schmelzen lassen. Die Kartoffeln 15 Minuten garen, bis sie fast durch sind.
- Den Kurkuma, einen halben Teelöffel Salz und einen Teelöffel Pfeffer hinzugeben und 5 Minuten ziehen lassen.
- Das restliche Kokosöl in einer anderen Pfanne stark erhitzen. Alle Körner hinzugeben: Sie müssen aufplatzen. 30 bis 60 Sekunden auf dem Herd lassen. Über die Kartoffeln streuen.

Auberginen-Yakitori

In 20 Minuten vorbereitet

10 Minuten Kochzeit

Für 8 Personen

Auberginen
500 g

Lauchzwiebeln
x 8

Olivenöl
125 ml

Teriyaki-Sauce
125 ml

Weiße Sesamkörner
12 g

Maisstärke
10 g

- Die Auberginen in Würfel schneiden, 10 Minuten in Salzwasser einweichen, dann abgießen. Das Grüne der Lauchzwiebeln in Stücke von 3 cm schneiden. Die Stärke in einem Esslöffel Wasser auflösen.
- Die Spieße abwechselnd mit Aubergine und Zwiebel bestecken. Die Teriyaki-Sauce und die Stärke vermischen und die Mischung über die Spieße gießen. 10 Minuten im Kühlschrank marinieren lassen.
- Eine Grillpfanne vorheizen. Alle Spieße mit Öl bestreichen und von allen Seiten anbraten. Mit den Sesamkörnern bestreuen.

Geschmortes Gemüse

In 5 Minuten vorbereitet

10 Minuten Kochzeit

Für 4 Personen

Weiße Bohnen in der Dose
900 g

Fenchel
x 1 großer

Grünkohl
x 1 kleiner

Olivenöl
40 ml

Zitrone
x 1

- Die Bohnen abgießen und abspülen. Den Fenchel in feine Scheiben schneiden. Die Stiele vom Kohl entfernen und die Blätter grob hacken. Die Zitrone pressen.
- Den Fenchel in heißem Öl in einem Bräter 5 bis 6 Minuten anbraten, bis er weich ist.
- Den Kohl hinzugeben, vermischen, 60 ml Wasser hinzugeben und bei gelegentlichem Umrühren 5 bis 6 Minuten garen, bis der Kohl weich ist. Die Bohnen und den Zitronensaft hinzugeben, dann würzen.

Auberginen-Cannelloni

In 15 Minuten vorbereitet

20 Minuten Kochzeit

Für 4 Personen

Auberginen
x 2 große

Cashew-Käse
200 g (Rezept 7)

Tomatenpüree
150 g

Olivenöl
125 ml

Hefeflocken
1 Teelöffel

Basilikum
x ½ Bund

- Die Aubergine der Länge nach in Scheiben schneiden und 10 Minuten in Salzwasser einweichen. Abgießen und auspressen. Das Basilikum zupfen. Den Ofen auf 180 °C vorheizen.
- Eine Grillpfanne anwärmen. Die Auberginen mit Öl bestreichen und dann von jeder Seite 1 bis 2 Minuten braten. Einen Teelöffel Cashew-Käse in die Mitte jeder Scheibe geben und aufrollen.
- Auf einem Blech anordnen. Die Tomaten und die Hefeflocken darübergeben und 10 bis 15 Minuten in den Ofen geben. Mit dem Basilikum bestreuen.

Gefüllte Zucchini

In 5 Minuten vorbereitet

25 Minuten Kochzeit

Für 4 Personen

Zucchini
x 4

Pinienkerne
60 g

Knoblauch
x 6 Zehen

Tomatenmark
30 g

Olivenöl
50 ml

- Die Zucchini der Länge nach halbieren. Den Ofen auf 220 °C vorheizen. Die Zucchinihälften aushöhlen, auf ein Backblech legen. Das Fleisch der Zucchini fein schneiden und 5 Minuten mit dem Knoblauch, den Pinienkernen und einem Teelöffel Salz in 40 ml Olivenöl garen. Das Tomatenmark und 2 Esslöffel Wasser unterarbeiten.
- Die Zucchini mit dieser Zubereitung füllen und einen Schuss Öl darübergeben. 125 ml Wasser auf das Blech gießen und mit Alufolie abdecken. 20 Minuten in den Ofen geben.

Mini-Hirtenkuchen

In 10 Minuten vorbereitet

25 Minuten Kochzeit

Für 6 Personen

Süßkartoffel
x 1 große

Grüne Linsen
300 g

Tamari
40 ml

Tomatenmark
50 g

Ahornsirup
20 ml

Dill
x 5 Stiele

- Die Süßkartoffel schälen und in Würfel von 1 cm schneiden. Die Linsen abspülen und den Dill hacken. Die Linsen mit einer Prise Salz und 1 l Wasser aufkochen. 10 Minuten köcheln lassen. Abgießen.
- Die Süßkartoffel mit Wasser bedecken und eine Prise Salz hinzugeben. 10 Minuten bei geschlossenem Deckel garen. Abgießen. Fein pürieren.
- Den Grill vorheizen. Die Linsen, den Dill, die Tamari (glutenfreie Sojasauce), das Tomatenmark und den Ahornsirup vermischen. In 6 Formen verteilen. Die Süßkartoffel daraufgeben. Unter dem Grill 5 Minuten goldbraun garen.

Gegrillte Auberginen

In 15 Minuten vorbereitet

10 Minuten Kochzeit

Für 4 Personen

Auberginen
x 2 große

Tahinpaste
60 g

Koriander
x 1 großer Bund

Grüne Chilischoten
x 1 ½ lange

Zitrone
x 1

Kokosöl
80 ml

- Die Auberginen in Scheiben schneiden und 10 Minuten in Salzwasser einweichen. Abgießen. Den Koriander hacken. Die Chilischoten in Scheiben schneiden. Das Kokosöl schmelzen.
- Eine Grillpfanne anwärmen. Die Auberginen mit Öl bestreichen, 2 bis 3 Minuten anbraten und nach der Hälfte der Zeit wenden.
- Die restlichen Zutaten mit 2 Esslöffeln Wasser und einem Teelöffel Salz mixen. Über die Auberginen gießen und mit dem Chili und dem Koriander garnieren.

Gerösteter Butternusskürbis

In 5 Minuten vorbereitet

15 Minuten Kochzeit

Für 4 Personen

Butternusskürbis
x 1,2 kg

Chilisauce
¼ Teelöffel

Mandelpüree
3 Esslöffel

Koriander
x 1 Bund

Kokosöl
40 ml

- Den Kürbis mit der Haut in große Stücke schneiden, die Kerne aufbewahren. Das Kokosöl schmelzen. Den Ofen auf 180 °C vorheizen. Die Kerne 10 Minuten in den Ofen geben.
- Den Kürbis, einen Teelöffel Salz und das Öl auf einem Backblech vermischen. 30 bis 40 Minuten in den Ofen geben.
- Die Chilisauce, einen Esslöffel warmes Wasser und das Mandelpüree vermischen. Den gebackenen Kürbis mit Sauce begießen und mit den gerösteten Kernen und den Korianderblättern bestreuen.

Bananeneis

In 5 Minuten vorbereitet
2 Stunden Ruhezeit

Ohne Kochen

Für 4 Personen

Macadamianüsse
70 g

Bananen
x 4 reife

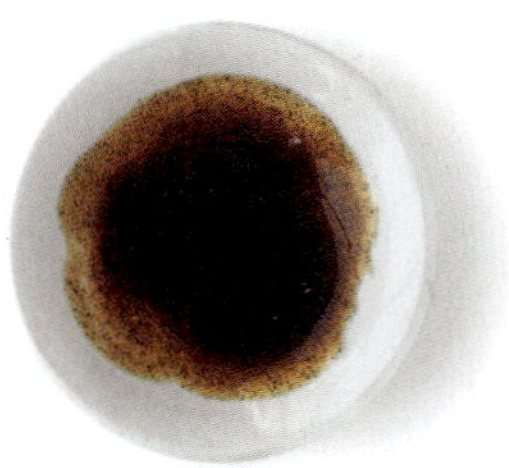

Vanillepaste
10 g

- Die Bananen schälen, in Stücke schneiden und 2 Stunden, am besten über Nacht, in das Gefrierfach geben. Den Ofen auf 200 °C vorheizen. Die Nüsse 10 Minuten rösten, bis sie goldgelb sind.
- Die tiefgekühlten Bananen und die Vanillepaste in einem Mixer pürieren, bis eine dicke Creme entstanden ist. Die Macadamianüsse hinzugeben und nochmals schnell vermischen.
- Sofort servieren oder für 1 bis 2 Stunden in das Gefrierfach geben, um eine festere Konsistenz zu erhalten.

Süßkartoffel-Brownie

In 15 Minuten vorbereitet

30 Minuten Kochzeit

Für 10 Stück

Süßkartoffeln
700 g

Kakaopulver
40 g

Mehl
130 g

Kokoscreme
125 ml

Ahornsirup
80 ml

- Die Süßkartoffeln schälen und in kleine Würfel schneiden. Den Ofen auf 180 °C vorheizen. Die Süßkartoffeln 10 Minuten in den Ofen geben, bis sie weich sind.
- Mit den restlichen Zutaten und einem halben Teelöffel Salz pürieren, bis eine glatte Masse entstanden ist.
- In eine Backform mit 23 cm Durchmesser gießen und 20 Minuten in den Ofen geben. Abkühlen lassen. Mit Kakao bestreuen und in Quadrate schneiden.

Mousse au Chocolat

In 5 Minuten vorbereitet
2 Stunden Ruhezeit

Ohne Kochen

Für 4 Personen

Kakaopulver
45 g

Reissirup
60 ml

Avocados
x 2

Kokoscreme
125 ml

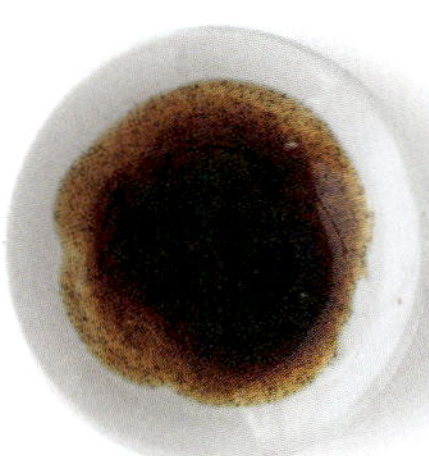

Vanillepaste
20 g

Kakaobohnen
1 Teelöffel

- Alle Zutaten bis auf die Kakaobohnen mit einer kleinen Prise Salz in einem Mixer pürieren, bis eine glatte Masse entstanden ist.
- Die Mousse in 4 Förmchen verteilen, mit Kakaobohnen bestreuen und 2 Stunden im Kühlschrank ruhen lassen.
- Das Dessert 5 Minuten vor dem Servieren aus dem Kühlschrank nehmen.

Schokotörtchen

Pekannüsse
180 g

Kokosöl
40 ml

Ahornsirup
20 ml

Avocado
x ½

Laktosefreie Schokolade
80 g

In 10 Minuten vorbereitet
1 Stunde Ruhezeit

Ohne Kochen

Für 8 Törtchen

- 8 Mini-Muffinformen mit Backpapier auslegen.
- Die Pekannüsse mit einem Mixer zerkleinern. Das geschmolzene Kokosöl, einen halben Teelöffel Salz und einen Esslöffel Ahornsirup hinzugeben und pürieren. Diese Paste in die Formen verteilen und den Boden sowie die Ränder gut andrücken.
- Die restlichen Zutaten und einen Viertel Teelöffel Salz vermengen, bis eine glatte Masse entstanden ist. Die Törtchen garnieren und vor dem Servieren eine Stunde lang im Kühlschrank ruhen lassen.

Bananenkuchen

Mehl
250 g

Kokosblütenzucker
140 g

Hefe
2 Teelöffel

Bananen
x 4 reife

Mandelpüree
125 g

Leinsamen
40 g

In 10 Minuten vorbereitet

50 Minuten Kochzeit

Für 8 Stück

- Die Bananen schälen und eine davon in Scheiben schneiden. Den Leinsamen 5 Minuten in 200 ml Wasser quellen lassen. Den Ofen auf 200 °C vorheizen. Die trockenen Zutaten mit einem halben Teelöffel Salz vermischen.
- Die ganzen Bananen mit einer Gabel zerquetschen. Die anderen feuchten Zutaten unterarbeiten.
- Die trockenen und die feuchten Zutaten vermischen, ohne den Teig zu sehr zu bearbeiten. In eine Kuchenform von 23 x 13 x 7 cm füllen und die Bananenscheiben darauflegen. 50 bis 60 Minuten in den Ofen geben.

Schoko-Himbeeren

In 5 Minuten vorbereitet

20 Minuten Kochzeit
1 Stunde Ruhezeit

Für 6 Personen

Kokoscreme
170 g

Ahornsirup
80 ml

Kakaopulver
45 g

Mandelpüree
3 Esslöffel

Himbeeren
x 6

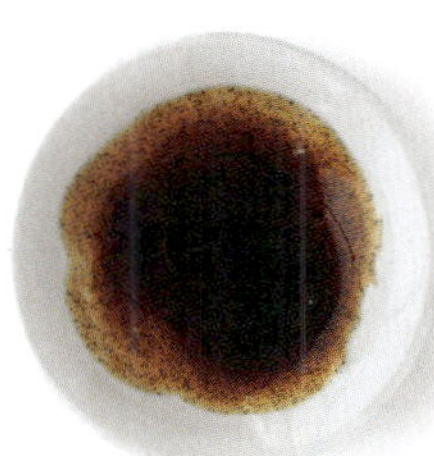

Vanillepaste
1 Teelöffel

- Die Kokoscreme, den Kakao, den Ahornsirup und eine Prise Salz in einen kleinen Topf geben. Bei geringer Hitze 2 Minuten garen und dabei aufschlagen. Die Vanillepaste unterarbeiten.
- Diese Zubereitung bis auf ein Viertel der Höhe in Mini-Muffinformen gießen. Eine Flocke von dem Mandelpüree jeweils auf die Mitte setzen und mit der restlichen Kakaopaste bedecken.
- Die Himbeeren darauflegen und mit ein paar Salzkörnern bestreuen. Eine Stunde lang im Kühlschrank fest werden lassen.

Crumble mit Quinoa und Rhabarber

In 5 Minuten vorbereitet

35 Minuten Kochzeit

Für 6 Personen

Rhabarber
1 kg

Kokosblütenzucker
300 g

Kokosöl
110 ml

Quinoaflocken
200 g

Walnüsse
100 g

- Den Rhabarber schälen und in Stücke von 6 cm schneiden. Das Kokosöl schmelzen. Die Nüsse hacken.
- Den Rhabarber, 200 g Zucker und 180 ml Wasser in einen Topf geben. Mit einem Deckel abdecken und bei schwacher Hitze 15 Minuten zu Kompott verkochen. Auf ein Blech geben.
- Den Ofen auf 200 °C vorheizen. Die Quinoaflocken, das Öl, die Nüsse, den restlichen Zucker und einen halben Teelöffel Salz vermischen. Auf dem Rhabarber verteilen und 20 Minuten in den Ofen geben, bis die Masse eine goldgelbe Farbe angenommen hat.

Was macht man womit?

Die Originalausgabe erschien 2016 unter dem Titel:
Vegan Super Facile

Produktion der deutschsprachigen Ausgabe:
Tanja Timmerman vertaling & redactie
Übersetzung: Judith Muhr
Satz: -Lein | redactie & vormgeving

Printed by GPS Group

ISBN: 978-94-6359-411-0